モーツァルトを聴くだけで

自律神経を整えるCDブック

選曲●篠原佳年

（聴覚カウンセラー協会代表・医学博士）

①ピアノソナタ11番「トルコ行進曲」　第3楽章
②セレナータ・ノットゥルナ　第1楽章
③オペラ『魔笛』からパパゲーノのアリア
④弦楽五重奏曲3番　第1楽章
⑤オペラ『魔笛』から夜の女王のアリア
⑥ピアノソナタ18番　第2楽章
⑦クラリネット協奏曲　第3楽章
⑧オペラ『魔笛』からタミーノのアリア
⑨セレナータ・ノットゥルナ　第3楽章
⑩ロドロン・セレナード1番　第4楽章
⑪オペラ『魔笛』からザラストロのアリア
⑫クラリネット協奏曲　第2楽章

CDの聴き方

❶CDをオーディオ機器やパソコンにセットして再生させます。機材によって自動で始まる場合、再生ボタンを押してスタートさせる場合があります。
※ボリュームは、ご使用のオーディオ機器やパソコン本体で調節してください。

❷一度スタートすると、トラック1から順に自動で最後まで再生されます。聴きたいトラックがある場合は、該当するトラック番号を選んで再生します。

はじめに

私はこれまでに『モーツァルト療法』『絶対モーツァルト療法』『愛のモーツァルト療法』（以上マガジンハウス刊）、『こころとからだのモーツァルトセラピー』（知玄舎刊）など多数のモーツァルト聴覚セラピー関連の書籍を発表してきました。また、選曲・監修・解説した『聴くサプリ　ｗｉｔｈ　モーツァルト』（ＢＭＧ　ＪＡＰＡＮ）というＣＤアルバムはおかげさまで、クラシックジャンルとしては異例の大ヒットを記録することができました。

これだけ多数の書籍を出版し、ＣＤアルバムを発売できた理由は、モーツァルトのすばらしい音楽性が多くの読者を魅了してきたのはもちろん、同時に大きな健康効果を発揮してきたからだと私は考えます。

とくに耳鳴り、難聴といった耳に関する症状は、耳鼻咽頭科にかかってもなかなか改善しないケースが多いものです。「年のせいですね」「慣れることですね」などと言われ

たことのある患者さんも少なくないと思います。

私は、モーツァルトの音楽は、こうした治りにくい耳の諸症状を改善させるうえで役に立つと考えています。さらに、耳以外の症状についても卓効が現れます。「不眠症が改善して熟睡できる」「肌にハリが戻った」「血圧が下がった」「ひざ痛や腰痛が楽になった」など、実に多くの改善例が寄せられています。

なぜ、このような幅広い健康効果をもたらすのでしょう。私は、モーツァルトの音楽には、生命のリズムがあり、自律神経を整えそれが私たちの心身を癒してくれるからだと考えています。

本書は私がこれまでに出版したモーツァルト聴覚セラピー関連書籍とＣＤアルバムを一体化させ、わかりやすくまとめた入門書です。

軽快で愉悦に満ち、世界中のどんな民族にも快く受け入れられるモーツァルト至宝の12作品をご紹介するとともに、楽しみながら元気になる！　若返りを実感できる！　モーツァルトの聴覚セラピー効果を解説します。

篠原佳年（聴覚カウンセラー協会代表・医学博士）

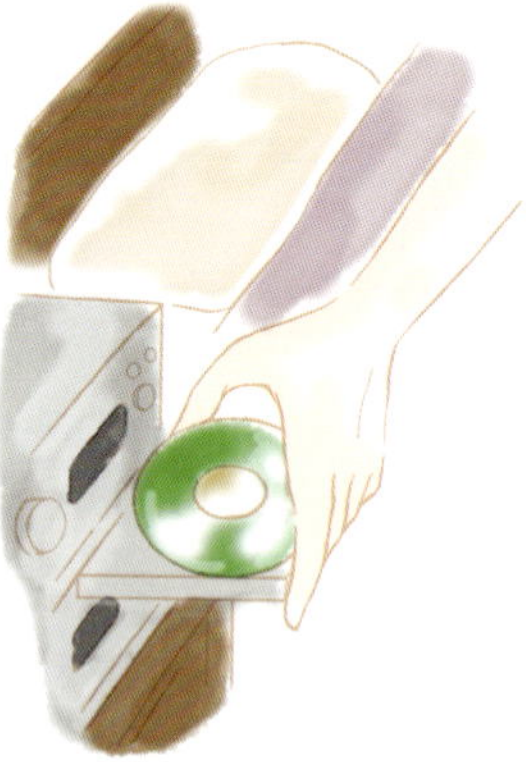

モーツァルトを聴くだけで
自律神経を整えるCDブック
CONTENTS

CD楽曲紹介

モーツァルトの至宝の名曲を、
聴覚セラピーのために編纂したオムニバスCDです。
全12曲（約65分）は、
頭から順に3曲1組としてまとめてあります。

❶1～3は、朝の目覚めから心身を活性化し、一日の活動の準備のために。
❷4～6は、活動の合間に意欲をリセットしたり、ストレスを忘れ心身をリフレッシュするために。
❸7～9は、一日の活動から解放されて夕餉《ゆうげ》を楽しみ、また生活の喜びを満喫するために。
❹10～12は、心身をリラックスさせて感情の昂《たかぶ》りを平穏に整え、幸福で安寧な睡眠のために。

聴き方は自由です。イヤフォンでもヘッドフォンでもスピーカーでも、手近な方法でお聴きください。

どんなプレーヤーやオーディオ装置でも、音楽が聞こえさえすればモーツァルト効果が期待できます。

ただし、イヤフォンやヘッドフォンは耳（聴覚）に作用し、スピーカーは耳だけでなく体の皮膚細胞、さらに現状の医学では解明されていないメタフィジカルな面にまで作用します。それぞれ効果は異なります。

音量は、聴いていて心地よいと感じるレベルが最適です。聴き疲れするのは音量が過剰なためです。ロックのコンサートのような大音量で聴くと、聴覚がマヒして耳の機能が低下し、危険です。

このように、きちんとした意図のもとにCDを聴けば、いっそうの効果を期待できます。大事なのは、音楽、とくにモーツァルトを聴く習慣を身につけることです。心身の健康と幸せのために、ぜひ始めてください。

1　ピアノソナタ11番「トルコ行進曲」第3楽章

目覚めの一曲　意識をクリアに　まるで炭酸飲料！

あまりにも有名なモーツァルトのピアノソナタ11番の第3楽章。当時流行したオスマン帝国（トルコ）の軍楽のリズムを取り入れながら、粋でおしゃれ、カラフルな宝石をイメージさせる素敵な曲です。耳を奪うこと旋風《つむじかぜ》のよう。さわやかに意識を目覚めさせてくれます。たちまち集中力が沸き起こり、寝ぼけていても二日酔いでも気分が塞いでいても、スパイシーな炭酸飲料を飲み干したような清涼感が得られます。（ピアノ＝イエネ・ヤンドー）

2　セレナータ・ノットゥルナ 第1楽章

交感神経を刺激　血行促進　やる気アップ

セレナード6番の第1楽章です。華麗で勇壮、ティンパニがおなかに響き、下半身に元気が漲《みなぎ》るようなマーチですが、曲想は単純に陥らず、さまざまな色彩が星屑のように舞うバラエティの豊かさはさすがにモーツァルト、傑作です。その音とリズムは、一日の始まりに仕事に励むためのエネルギーを全身に注入してくれる、マルチビタミンのような効果があります。（スンドクヴィスト指揮＝スウェーデン室内管弦楽団）

3 オペラ『魔笛』から パパゲーノのアリア

気分一新　免疫力強化　若返り効果バツグン

モーツァルトの魅力が満載なのがオペラです。なかでも『魔笛』は最高傑作のひとつ。筋がわからなくても言葉の意味がわからなくても、生きる喜びや悲しみ、人間模様の綾がめまぐるしく展開し、それが絶妙なテンポとリズム、旋律の「歌」で表現されます。全曲どこを聴いてもわくわくする刺激に満ちていて、若返り効果バツグン。「オレは鳥刺し、いつも陽気に、ハイザ、ホイササ！」と歌うパパゲーノとパンフルートの「鳥刺しの歌」で気分一新です。（ハーラス指揮＝ブダペスト・ファイローニ室内管弦楽団　バリトン＝ゲオルク・ティヒ）

4 弦楽五重奏曲３番 第１楽章

下半身の強化と安定　免疫力強化　肝・腎機能の充実

昇る太陽のように充実した勇気と活力をもたらしてくれる、格別に格調高いモーツァルトの弦楽五重奏曲３番第１楽章は、もっとも明るい印象をもたらすハ長調。チェロの太く伸びやかな響きはひざや腰、腹部を安定させ、シンプルなヴァイオリンの調べは気力を充実させます。肝臓と腎臓が強化され、集中力・創造力が呼び起こされて、幸運を引き寄せ、夢や計画を実現できるでしょう。（エーデル四重奏団ほか）

5 オペラ『魔笛』から 夜の女王のアリア

わだかまり一掃　ストレス発散　若さを取り戻す

『魔笛』から、最強にして超有名な「復讐の炎は地獄のように我が心に燃え」と歌う、すさまじい内容のアリアです。しかしひとたび聴けばソプラノの超絶技巧に耳を奪われて気分爽快、楽しさがわくわく沸き起こる、真昼にふさわしい傑作ではないでしょうか。仕事や生活のわだかまりを一掃でき、ストレス発散に効果的。仕事疲れを取り、午後に向けてエネルギーを充塡、さらには若さを取り戻すきっかけにもなるでしょう。(演奏は3と同じ　ソプラノ＝ヘレン・クォン)

6 ピアノソナタ18番 第2楽章

カタルシス効果　副交感神経を優位に　血圧安定

午後のひととき、木陰でくつろいだりするときに最適な、モーツァルト最後のピアノソナタ（K.576）です。副交感神経に働きかける穏やかな旋律につづく中間部の調べは、心にしみ入る短調。この日経験したいやな思いや辛さを消去するカタルシス効果があります。また、体の緊張をゆるめ、血圧を下げ、全身の血行をよくして疲れを癒してくれるでしょう。昼寝や就寝時にも聴いてください。(演奏は1と同じ)

7 クラリネット協奏曲 第3楽章

肩こり解消　代謝アップ　心拍数の安定

モーツァルト晩年の、数少ないクラリネットのための曲のひとつ。クラリネット五重奏曲と並ぶ傑作として人々に愛されているこの曲の第3楽章は、喜びと愛情にあふれたクラリネットのソロで始まります。そこには700～3000ヘルツの倍音がたっぷりと含まれ、ふくよかな音色が胸元や頸椎に浸透して、肩こりや首の緊張を解放する効果があります。快適なテンポとオーケストラの伴奏が、心拍数を快調にして代謝を促進してくれるでしょう。（ヴィルトナー指揮＝ウィーン・モーツァルト・アカデミー　クラリネット＝オッテンザマー）

8 オペラ『魔笛』から タミーノのアリア

不安解消　消化力アップ　リフレッシュ

フルートのリードで始まり「なんという不思議な笛の音だ」と歌うこのアリアは『魔笛』第1幕の最終曲の一部分です。恋い焦がれるパミーナを求めて、先に彼女を見つけたパパゲーノのパンフルートの音を聞いて期待をふくらませる……そんなタミーノの期待と安堵感を伝えるテノールの歌声には、胃腸や胸部に共鳴する音がたっぷり含まれています。夕食の前に聴けば消化力促進が期待できるでしょう。（演奏は3と同じ　テノール＝ヘルベルト・リッペルト）

9 セレナータ・ノットゥルナ 第3楽章

食欲増進　消化力アップ　代謝と免疫力アップ

セレナード6番の第3楽章です。モーツァルトの遊び心としゃれ心、悪戯心があれこれとパッケージされた玉手箱のような愉悦の作品です。次から次へ楽しさいっぱいの皿が出てきて、つい目移りしてしまうフルコースのディナーのよう。解放感満点、交感神経と副交感神経のバランスを絶妙に保ち、食欲を増進して消化力を高め、ゆったりした代謝をもたらして免疫力もアップさせる、万能の音楽です。（演奏は2と同じ）

10 ロドロン・セレナード1番 第4楽章

リラックス　副交感神経を優位に　クールダウン

この曲は「ロドロン伯爵家の夜の音楽」として作曲されたディベルティメント10番です。小編成の弦楽合奏にホルンを加えた宮廷音楽で、モーツァルトはこの分野に多くの傑作を残し、どの曲もまるごとすべて癒しのプログラムがパッケージされているかのようです。この楽章はアダージョで、副交感神経に働きかけてリラックス感と幸福感をもたらし、クールダウンに最適です。（演奏は2と同じ）

11 オペラ『魔笛』から ザラストロのアリア

落ち着きと平安　代謝安定　交感神経抑制

合唱つきアリア「おおイシスとオシリスの神よ」を歌うザラストロとは、予言者ツァラトゥストラのこと。『魔笛』には、モーツァルトもその会員だった結社・フリーメーソンの教義が取り入れられているといわれています。バスの重厚な低音による神への祈りの歌声は、散漫な気持ちや意識の乱れをストンと下腹部に落とし、もやもやした悩みを消し去ってくれます。交感神経の働きを抑制して落ち着きと安心感を取り戻し、快眠の準備を手助けします。（演奏は3と同じ　バス＝クルト・リドル）

12 クラリネット協奏曲 第2楽章

究極のリラックス　快眠効果　疲労回復

就寝のための究極のリラックス効果があるクラリネット協奏曲の第2楽章はアダージョです。何よりの魅力は、余りにも蠱惑的なクラリネットの音色。モーツァルト自身も愛した名曲は一日のすべてを美しい思い出に塗り替え、希望に満ちた麗しい夢の世界へ誘ってくれます。入浴のあと、一杯のワインをおともに聴けば、疲労回復と快眠効果バツグンです（クラリネット五重奏曲のアダージョも同じです）。（演奏は7と同じ）

なぜモーツァルトを聴くことで自律神経が整うのか？

モーツァルト聴覚セラピーとは？

聴覚セラピーとは簡単に言いますと、耳のマッサージです。
肩や腰にこりやハリがあるように、耳の中でも同じようなことが起こっています。
この耳の中にあるこりやハリが体のあらゆる部分に影響を及ぼしていると、
私は考えています。
このCDブックにあるモーツァルトの音楽は、
ゆらぎのメロディや小気味良いリズムによって、
中耳のこりをほぐし緊張を和らげることを目的として構成されています。
その影響が脳神経に伝わって自律神経を整えてくれるのです。
自律神経が正常化することで、心身をリフレッシュさせ、
体の不調やストレスを解消することも期待できます。

モーツァルト聴覚セラピーで自律神経を正常に

交感神経と副交感神経

音楽を聴くことによって、気分がよくなったり、リラックスできたり、元気になったりということは、誰しも一度は経験があると思います。気持ちが落ち込んだときは好きなアーティストの音楽を聴いて気分を高める。怒りや苛立ちでいっぱいのときはスローテンポの曲を聴いて気分をしずめるなど、実際、音楽が心理的に影響する力は半端ではありません。音楽は右脳に優位に働き、感情や情操、意志などに直結します。自律神経を正常にするのです。

自律神経は、交感神経と副交感神経から成り立っています。自律神経の仕組みについては左の図をご覧ください。

運動をしたり、緊張状態にあるときは交感神経が活発になります。逆にリラックスし

自律神経の仕組み

●運動しているとき、緊張・不安な状態のとき→**交感神経が活発になる**
●リラックスしているとき、寝ているとき→**副交感神経が活発になる**

交感神経 ➡ 血管が収縮する「戦闘モード」 緊張感アップ

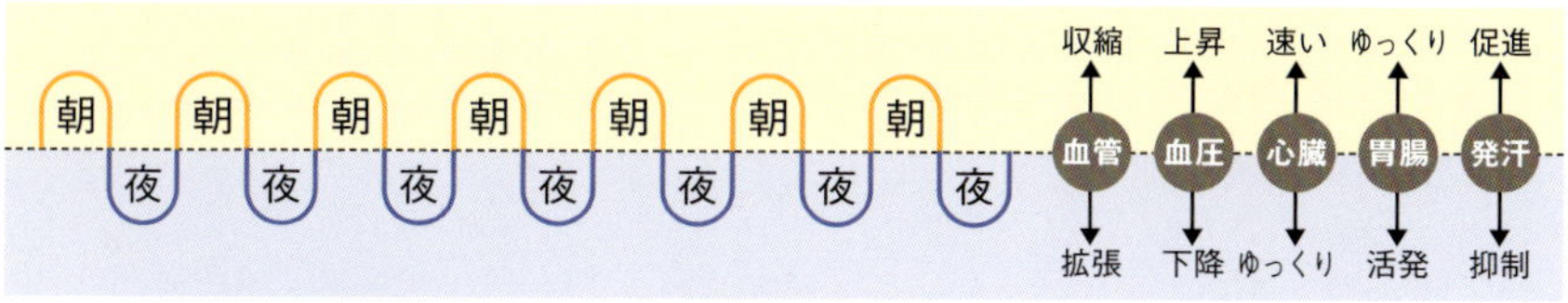

副交感神経 ➡ 血管が拡張する「休憩モード」 緊張感ダウン

ているとき、寝ているときは副交感神経が活発になります。**二つの神経が交互に働くことで自律神経は正常になって健康な生活を送ることができます。**ところが、私たち現代人は、仕事に追われ時間に追われ、なかなか心落ち着く時間が持てません。たえずピリピリしたりセカセカしたりのストレス状態が続くことも少なくありません。そんなときには交感神経が活発に働き、全身がいつでもすぐに反応できるように身構えています。

このように交感神経が旺盛な緊張が続く状態は、血管が収縮して鼓動が速まり、血圧は高く体温も上昇しています。血流が不安定なため肩こりや腰痛、頭痛や生活習慣病を引き金になっているのです。

音楽には、ピーンと張り詰めた交感神経の糸を、ゆらぎのリズムやメロディで伸ばしたり縮めたりして揺さぶるマッサージ効果があります。神経の緊張がモーツァルト独自の音とリズムで張ったりゆるんだりすることで、緊張とリラックスが交互に起こる、ほどよい状態になるのです。

この効果は、最初は耳の中で起こります。耳には中耳にストレスを受ける部分があり、**音楽を聴くとこの中耳のこりがほぐされて緊張が和らぎ、その影響が脳神経に伝わって自律神経が健全化します。**

交感神経がしずまると副交感神経が活動を始めます。人の消化器官のすべては副交感神経が司っているので、交感神経の緊張が張りっぱなしだと胃も腸も充分に活動できません。そのため、日中はとくに定期的にリラックスして交感神経の緊張を解いてやる工夫が必要です。

日中の緊張している状態で音楽を聴くと、交感神経張りっぱなしの状態が、旋律とリズムによって揺さぶられ、緊張が張ったりゆるんだりの波のようになります。副交感神経が活動できるのは、緊張がゆるんだときです。

つまり、**音楽を聴くと、交感神経と副交感神経が交互に活動できる状態になる**と考えられるのです。その揺さぶりに最適な音楽が、モーツァルトなのです。

モーツァルトを聴く

↓

耳のこりやハリをほぐすマッサージ効果

↓

交感神経を和らげ、
副交感神経を働かせる ＝ 自律神経が整う

↓

脳や腸の活性化

↓

体の不調、ストレスが解消

代謝、血行、頭脳活性、消化力、
快眠、聴力に効果あり！

モーツァルトとトマティス博士

私は若いころから、音楽を聴いたり歌ったりして楽しむタイプではありませんでした。音楽に親しむ習慣はなかったのです。私が初めて音楽のすごさ、音楽の力に気づかされたのは15年ほど前、40歳代後半に差しかかったころでした。それは、フランスのアルフレッド・トマティス博士が開発した、トマティス・メソッドによる聴覚トレーニングを受けてから2週間ほど経った後のことです。

受講後すぐには同メソッドの効果を実感できなかったのですが、たまたま乗ったタクシーの車内に流れる美しい音色に心を奪われて「何て美しい音楽なのだ！」と感動している自分に気づきました。

「えっ！　ウソだろう、音楽が美しいと感じたことなどなかったのに」

美しいと感じたその音楽は、聴き覚えがあるモーツァルトのピアノ曲。これまでにも何度も耳にしていたはずなのに、聴き入ることなどなかった曲に、耳が喜びを感じていることがわかったのです。

この体験を機に、私の音楽に対する考え方は１８０度転換しました。

聴覚トレーニングの効果を実感

私が受けた前述の聴覚トレーニングは、決して楽しいものではありませんでした。筋肉トレーニングをするようなもので、一定時間重たいヘッドフォンを頭に乗せて音を聴かなければなりません。それでもプログラムどおり行いましたが、それで何かが変わったと感じることはありませんでした。自分自身「これは効果がないな」というのが実感だったのです。

提供：Bridgeman Images／アフロ

Wolfgang Amadeus Mozart

ヴォルフガング・アマデウス・モーツァルト

ヴォルフガング・アマデウス・モーツァルト（1756～1791）は、オーストリア・ザルツブルグ生まれ。ハイドン、ベートーベンと並ぶウィーン古典派三巨匠のひとり。天才作曲家。幼いころから音楽の才能を発揮、3歳で正しくピアノを弾くことができ、4歳で大人が弾いていたヴァイオリンの音程のずれを指摘し、5歳でクラビーアを巧みに演奏した。また、楽曲を譜面に書きながら別の作品の構想を頭の中に描くことができたし、楽譜を一目見ただけで完全に読みこなすことができ、長い曲でも一度聴いただけで楽譜に書き起こすことができたといわれている。「神童」「天才」と称されるモーツァルトだが、その生涯は36年と短く、苦難の連続であった。作品数は、27のピアノ協奏曲や41の交響曲、『魔笛』ほかのオペラなど600曲以上に及び、今日でも世界中で演奏され、愛聴されている。

ところが実際には、私の聴覚は大きく変化していたのです。それは後日、トレーニング前に測定した聴力・聴覚と、トレーニング後のそれとを比較することでも明らかになるわけですが、その直前、偶然耳にしたモーツァルトのピアノ曲に聴き惚れてしまったという体験からも、自分の聴覚が大きく変化していることに気づかされたのです。

このことは40代半ば過ぎの私にとって大きな発見でした。ヘッドフォンで音楽を聴く数週間のトレーニングだけで、今まで経験したことのない「音楽を聴く感動」を知ることができたのですから。

音楽には無意識に作用する大きな力があることを知り、私の音楽療法への探求が始まりました。

アルフレッド・トマティス博士との出会い

私はまず、私の聴覚を大きく変化させる聴覚トレーニングのプログラムを作ったフランスの耳鼻咽喉科医師・トマティス博士に会いに行きました。博士はすでにご高齢でしたが、お会いするとハミングによるカーブという発声を披露してくれたり、モーツァルトの音楽がいかに人の心と体に適っているかなど、温かく教えてくださいました。

1998年、私は、トマティス博士から学んだ聴覚トレーニング理論やモーツァルトの音楽の理論に私独自の見解を加えて『モーツァルト療法』(共著・マガジンハウス刊)という本を上梓し、聴覚トレーニングの普及活動を始めました。以後モーツァルトの音楽は、心身の癒しに効果があるセラピー音楽として広まりました。

Alfred Tomatis

アルフレッド・トマティス

1920年フランス・ニース生まれ。パリ大学医学部卒業。医学博士。耳鼻咽喉科および音声医学を専門とする。音声障害曲線と聴覚障害曲線の間に密接な関係があることを発見し、「トマティス・メソッド」理論を確立。同理論は1957年にフランス国立科学アカデミーで「トマティス効果」として認定され、その後世界中で聴覚改善によるさまざまな医学効果を上げている。

数あるクラシック音楽の中で なぜモーツァルトなのか

耳が脳にエネルギーを与え、人を元気にする

「モーツァルトの音楽が、最も効果的だった」

聴覚トレーニングにモーツァルトを使うのは、けっしてトマティス博士の個人的な好みからだけではありません。バッハやベートーベンと比べても、モーツァルトの音楽が、とくに効果的だったからです。トマティス博士の研究成果が知られるようになった影響と考えられますが、ブルターニュ地方の修道院でおもしろい効果が現れました。**乳牛に、モーツァルトの交響曲を聴かせたところ、普段よりも質のよい乳が出るようになった**というのです。このことは、当時日本のメディアでも多く取り上げられたので、ご記憶の方も多いかと思います。

最近では日本でも、クラシック音楽が乳牛やニワトリをはじめ、植物にもよい影響を与えるということが報告されるようになりました。それらは、じつはトマティス博士の

研究にヒントを得たものだったのです。

モーツァルトの音楽は、クラシック愛好家のみならず多くの人に愛されています。「これはモーツァルトだよ」と言わずに、その音楽を聴かせても、ほとんどの人が「いいね」と言います。つまり、音楽の知識があろうとなかろうと、万人に受け入れられるということです。

なぜ、モーツァルトの音楽は、万人に受け入れられるのでしょうか?

メロディなどの音楽性が優れているというのが、すぐに思いつく答えです。**モーツァルトの音楽の特徴のひとつとしてあげられるのは、軽快なリズムと、清流のようなメロディライン。**リズムの運びにはスキップするような押し出しがあり、ベートーベン

やバッハのような重さや堅さはなく、バロック音楽のような単調な刻みもありません。モーツァルトにかかると、マーチやメヌエットも、三拍子も四拍子も、どんなリズムでも独自のゆらぎを感じます。この**ゆらぎが生体のリズムと同調しているもの**と思われます。

まったく音楽に興味のなかった私が初めて音楽の魅力に目覚め、聴覚トレーニングの効果をリアルに感じるきっかけになったのがモーツァルトのピアノソナタだったということもありますが、トマティス博士の聴覚トレーニング理論を理解するに従い、モーツァルトの音楽の効果がいかに高いものであるかを実感するようになりました。

私はその後、トマティス理論を柱に、いくつか独自の理論を加えて聴覚セラピー、聴覚カウンセリングを行ってきましたが、用いてきた音楽は、もちろんモーツァルトです。クラシックを聞き慣れていない方でも受け入れやすい、気軽に楽しめる楽曲が多いのもモーツァルトを選ぶ理由のひとつです。

本書のCDを聴いてみてください。「どこかで聴いたことがある」という曲がひとつくらいあるかもしれません。**受け入れやすい、聴きやすいということは、音楽療法ではとても大事です。**一度聴いて即元気になる！　病気が治る！　という魔法ではありませんから、何度聴いても飽きない、聴くたびに新たな魅力に気づく音楽であることが大切です。その意味では本書のCDを何度も聴くこと、場所と時間を変えて聴くことをおすすめします。そのたびにモーツァルトの新たな魅力に気付かされると思います。本書を読み、モーツァルト療法を理解した上で聴いてみると、さらにその効果は期待できるはずです。

聴覚の重要性を知る。耳を治すと体も治る！

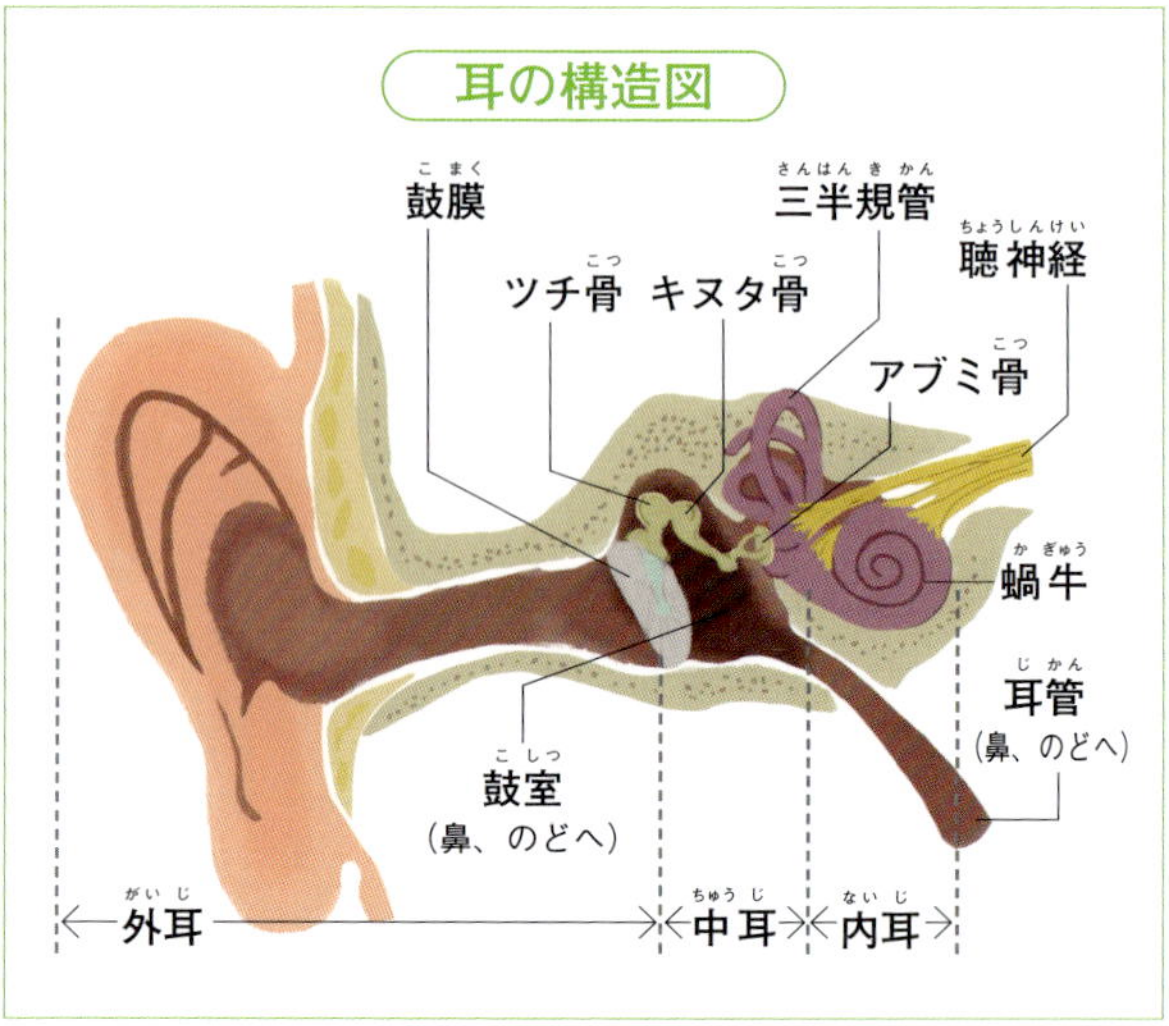

耳は人間ドックのようなもの

トマティス博士は、耳の聴力・聴覚に人の体と心の状態がそのまま現れていることを発見しました。心身と耳には常に相関関係があって、**耳の聞こえを調べれば、まさに人間ドックさながら、心身の状態を知ることができる**わけです。私はこれによって「耳ドック」というシステムを作りたいと考えているところです。

トマティス博士は、耳の聞こえ検査でわかった患者の体の問題を、特殊なヘッドフォンを使った聴覚トレーニングで治すことを試み、耳を治すと体も治ることを発見しました（治せない問題もあります）。ふしぎなことに、体に現れた病状が聴覚の一部の聞こえの悪さとして現れている場合、耳のその聞こえの悪いところを聴覚トレーニングで改善すると、体の病状も改善します。聴力・聴覚は比較的簡単に改善させることができるのです。

体だけではありません。心が塞ぐ自閉症の場合にも、耳の検査が有効です。聴覚トレーニングを行ったところ、聴覚の改善と同時に自閉症が治ったという例もあるのです。心を塞いでいるのはじつは中耳の耳小骨（ツチ骨、キヌタ骨、アブミ骨）です。この小さな器官は心に直結して、好き嫌いや言語を選別する、すごい働きをしています。

私は聴覚カウンセラーをしており、聴覚の改善によって心も体も人生も変化した実例をいくつも見てきました。改めて、トマティス博士が発見した聴覚理論と聴覚改善法に脱帽の思いです。

体の中に仕込まれた音階

トマティス博士は、背骨を中心に、ひざ関節（125ヘルツ）から頭頂（8000ヘルツ）までをピアノの鍵盤にたとえて、人体の各部位が固有の周波数に共振することを発見しました。周波数は下から上へ上昇しています。これは「サイマティクスの原理※」とは異なるものです。私はこれを応用して、耳の聞こえ検査によって得られた聴力曲線（気導曲線と骨導曲線）を調べ、周波数に落ち込みや乱れがある部位に病状があることを確認しました。人体には音階があったのです。

人体の組織が音に反応したり、人体に音階があるということは、科学的にも実証的にもふしぎはありません。物質には固有振動があり、事実環境（高速道路など）の低周波で内臓疾患を発症した例なども知られています。まだ科学的に十分な理論が構築されていないだけの話です。

※音には一定の形模様を作る力場を生起する性質があるとする原理（スイスのハンス・ジェニー博士により実証）

声色も滑舌も耳のせい

耳には三半規管という全身のバランスを司る機能、耳小骨という音声情報を選別する機能、蝸牛という音程を分類する機能などがあります。**耳は心と体の両方をリードする、きわめて重要な部分**です。頭の良し悪しは耳の問題かもしれません。聴覚を改善すると頭までクリアになって優秀な人に変身します。

耳はまた、しゃべる声や滑舌を支配しています。耳の聞こえが悪いと歌えないし、滑舌も悪く、声のトーンは暗くくすんでしまいます。トマティス博士はこれを「音声には、耳が聞いたもの以外は含まれない」という法則として発表しました。モーツァルトの音楽を聴くと、その**マッサージ効果で中耳の耳小骨が動きだし、やがて声色も滑舌も鮮明になるでしょう。**

人体と音の周波数の関係

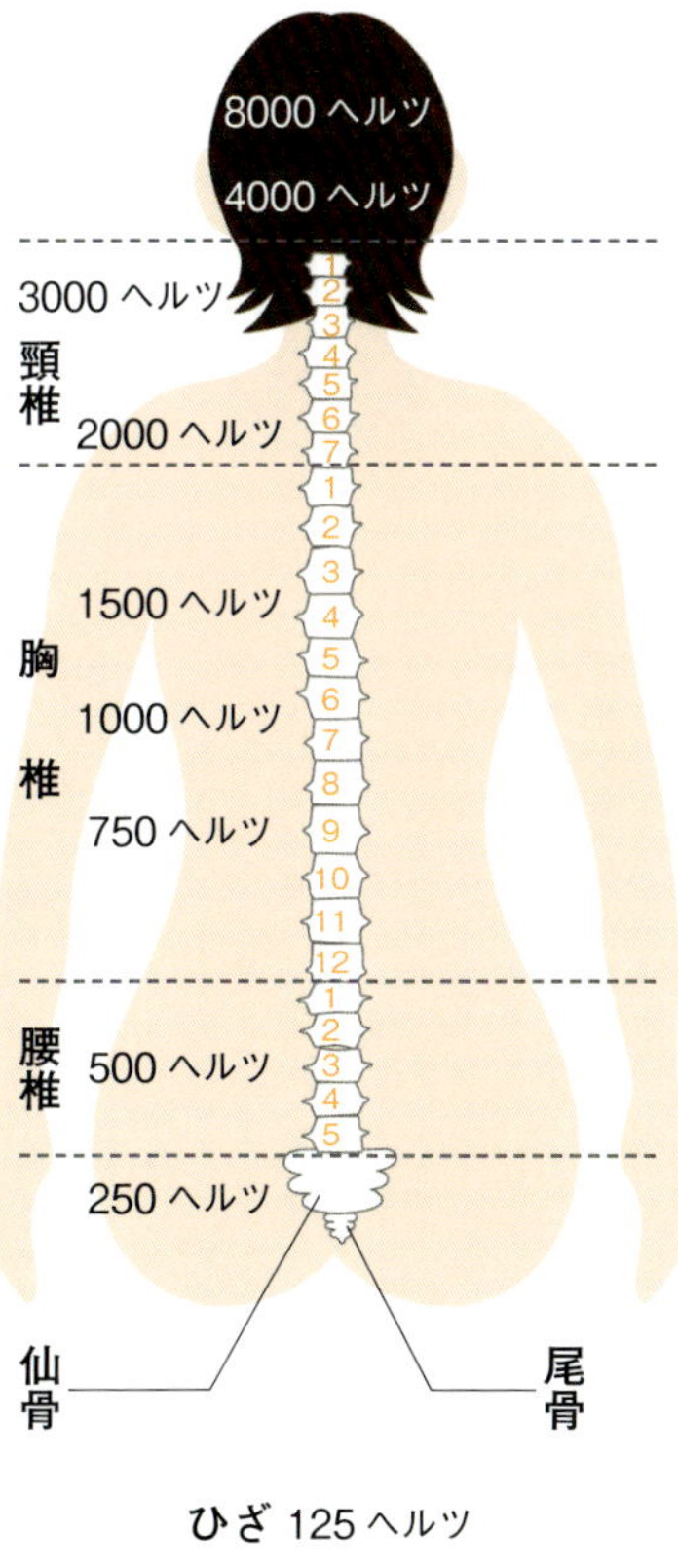

低周波と高周波

音というと、「耳で聞こえるもの」ととらえがちですが、音は空気の振動ですから、音を感じているのは耳だけではありません。私たちの体全体、皮膚の細胞一つ一つが音に接しています。つまり、音は耳で聞こえるだけではなく、全身に影響力を及ぼすものであり、その効果は、太古から政治や宗教的儀式などで広く利用されてきました。

一番効果的なのは戦争でしょう。鳴り響く進軍ラッパは戦士の士気を鼓舞し、大太鼓の太いリズムによって戦士は恐怖を克服して前進しました。

しかも音には周波数があり、**低い周波数は大きなモノに、高い周波数は微細なモノに共振します。**

人の耳が聞くことのできる音の周波数は20ヘルツから2万ヘルツといわれています。**低い音は腹部や臓器を共振させ、高い音は微細な細胞組織を共振させる**ことが知られています。

低周波はエネルギーが強いため遠方まで届き、周波数が高くなるに従いエネルギーは小さくなり、遠くまで届きにくくなります。

以前、首都高速の近隣で内臓疾患の患者が多数発生、その原因は道路のたわみによる低周波だったと話題になりましたが、これは20ヘルツより低い低周波が肝臓や腎臓などに共振したのかもしれません。

一方、**高い周波数は聴覚に強く作用します。** モスキート音は1万数千ヘルツの強力な刺激音ですが、これを10代後半の若者がたむろするコンビニの店頭に設置したところ、若者たちはいなくなりました。人の耳は20代を境に高周波の聞き取りが減退していくため、超高音のモスキート音は若者たちだけに作用したのです。ちなみに50代、60代になると1万ヘルツ前後から上の音域がまったく聞こえなくなります。加齢や老化現象は音域の聞き取りにも現れるのです。

モーツァルト聴覚セラピーの6大効果

モーツァルト聴覚セラピーとは、モーツァルトの音楽を聴くことによる耳のマッサージです。耳のマッサージはツボマッサージなどと同じく、その部分だけでなく、体のあらゆるところに作用するというのが私の考えです。耳から脳へ。脳から全身へ。

では、どのような効果が期待できるのでしょうか？

これまで「耳鳴りがおさまった」「血行がよくなった」「ひざの痛みが軽くなった」などの声が実際に効果を実感した方から寄せられています。

それらは大きく6つに分けて説明できます。

代謝

代謝アップはアンチエイジングのかなめです。代謝が下がると汗をかきにくくなったり、太りやすくなったりします。モーツァルトの音楽を聴くことで代謝がアップすれば、ダイエット効果はもちろん、肌のハリ、髪のツヤが戻るといった効果も期待できます。

血行

体が冷えると血行が滞り、老廃物がたまってしまいます。聴覚セラピーによって交感神経を和らげ血行がよくなれば、冷え性解消だけでなく、腰痛、肩こり、ひざ痛が和らぐなどが期待できます。耳のマッサージは全身に効果を表すでしょう。

快眠

体をリラックスさせてストレスを和らげ、昼間過剰になった交感神経を落ち着かせて副交感神経を優位にするため、不眠症が改善できるでしょう。深い眠りを手に入れることができれば、朝の目覚めもすっきり、活力がみなぎってくるでしょう。

頭脳活性

ブドウ糖だけが脳の栄養素ではありません。高周波の音で耳の蝸牛を刺激することで、脳細胞にエネルギーがチャージされます。モーツァルトの高周波は脳細胞に作用します。脳の活性化はそのままアルツハイマー予防にも役立ちます。

聴力

「耳が遠くなった」と感じている方は、まっ先に効果が得られるかもしれません。耳鳴り、めまい、難聴などの改善例もあります。耳のこりをほぐし、状態をリセットすることで、不安や恐怖感、不信感などが消え去り、気分も高まります。

消化力

腸は第2の脳と言われているほど体調を敏感にコントロールします。食欲不振・減退などはあらゆる体の不調を招く可能性があります。自律神経が整えば、腸の働きも活発になり食欲がアップし、栄養素をしっかり消化する力が戻ってくれるでしょう。

CDのサンプルでモニタリングした結果を発表
モーツァルト聴覚セラピーの驚くべき効果

モニタリング対象

体が冷えると血行が滞り、老廃物がたまってしまいます。血液は酸素をはじめとする栄養素を体の組織に運搬する最も大事な働きをしています。聴覚セラピーによって血行がよくなれば、冷え性解消だけでなく、血圧が下がる、腰痛、肩こり、ひざ痛が和らぐなどが期待できます。

モニタリング方法

CDのサンプルをモニターの方へお送りし、一日に必ず1回以上聴いていただく条件で、1週間試してもらいました。ヘッドフォンでもイヤフォンでもスピーカーでもOK。聴く曲数、聴く時間帯、何回かに分けて聴く、通して聴く、いずれも自由、バックグラウンドで聴き流すこともOK。1週間後、編集部でアンケートを実施。さらに個別にヒアリングし、その効果をまとめました。

モーツァルトのＣＤを聴くだけで、心身に何か良い変化があるのかどうかを試してほしいとお願いすると、ほとんどの方が、「音楽を聴くだけで変化が現れるというのは気のせいじゃない？」という、そんな反応をされました。

そこで本書でご紹介した、モーツァルト効果のことをあらかじめお伝えしました。何も説明せずに実験する方法もありますが、実際に効果があるという実績を説明することは、その効果を得ることに暗示的な働きをするからです。

「気のせい」とか「暗示」というのは本当の効果ではないのではないかと言う方がおられますが、「気のせい」や「暗示」で、自分の悩んでいる心身の問題が解決するなら、それは効果があったという結果です。

精神療法では自律訓練法という自己催眠法が実際に使われています。体を静かにして瞑目し「掌が温かい……」と自己暗示をかけると、ほんとうに「温かい」と感じ、実際に掌の体温が上がって、ストレス解消などの効果があります。

このように、「暗示」でも「気のせい」でも、心身が改善するなら、それはただの気休めではなく、有効な方法として利用すべきです。それによってより大きな効果を得られるでしょう。

また、みなさんには、ＣＤの前半の６曲には血行を促進して交感神経を適度に活性化し、代謝や免疫を上げる効果があり、後半の６曲にはストレスを解消して副交感神経を起こし、リラックスや血圧が下がる効果があることも説明しました。

その上で、自分の好きなように聴いていただくわけですが、その際は、自分の心身の気になるところや、悩みごとが改善することを意識してもらい、何か変化があるかどうかをチェックしていただくことにしました。

その結果が左のグラフです。

アンケート結果

Q 心身の悩みが和らいだ

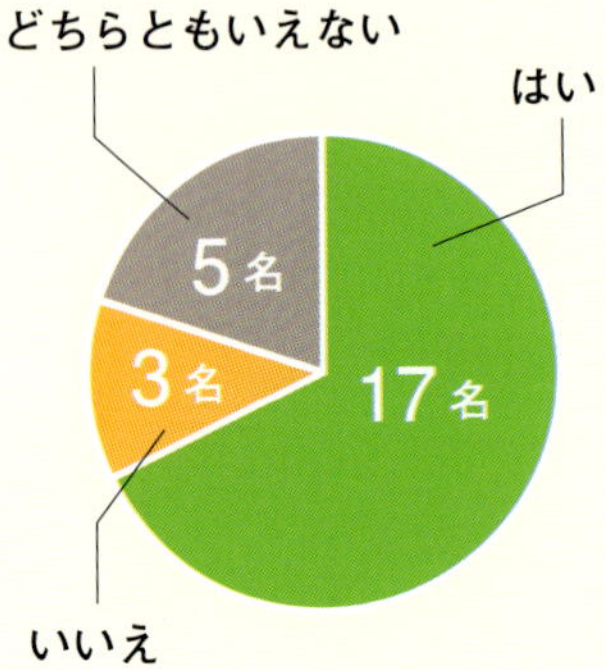

Q 耳の通りがよくなり、よく聞こえるようになった

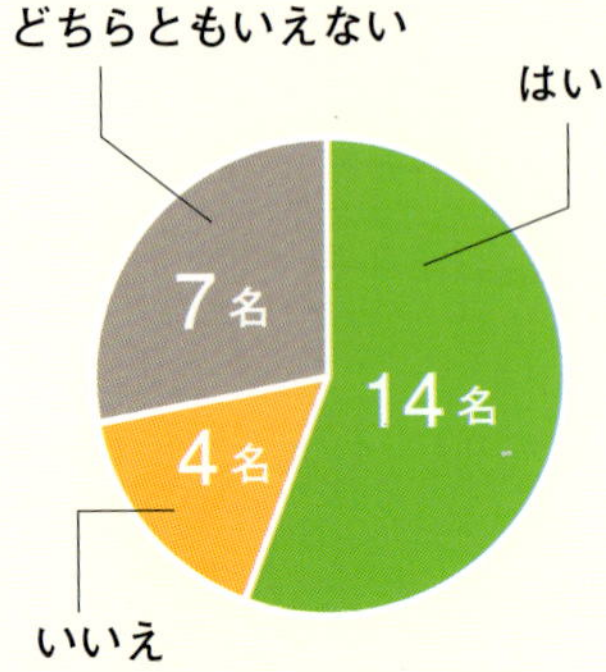

Q 気持ちが前向きになった

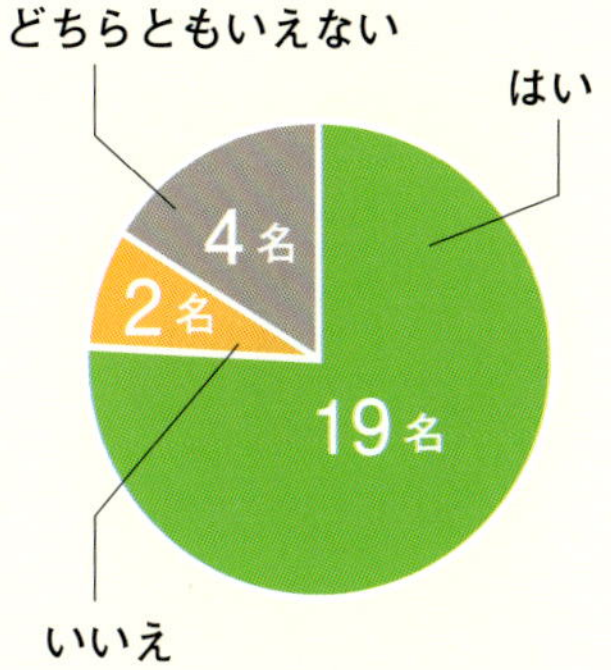

Q 集中力が上がった

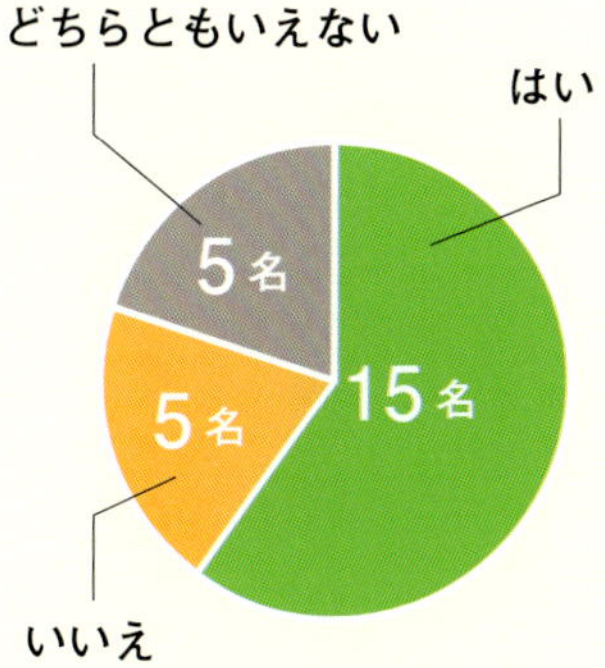

Q よく眠れるようになった

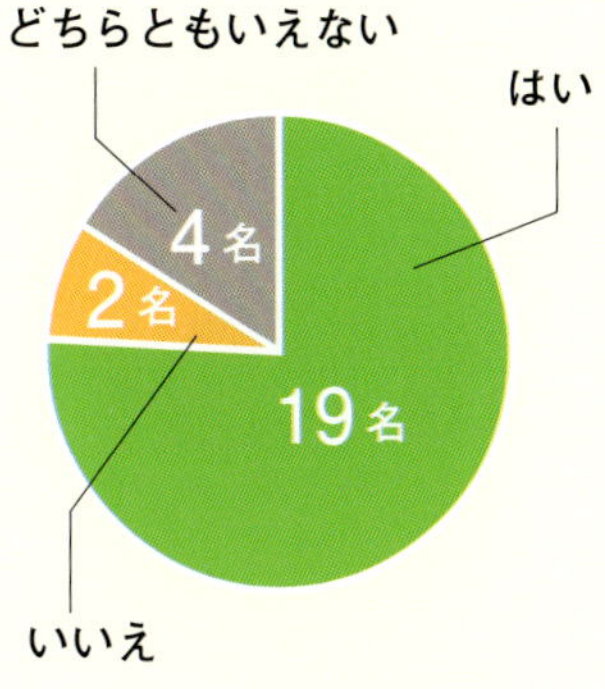

Q 生活にメリハリ、リズムが生まれてきた

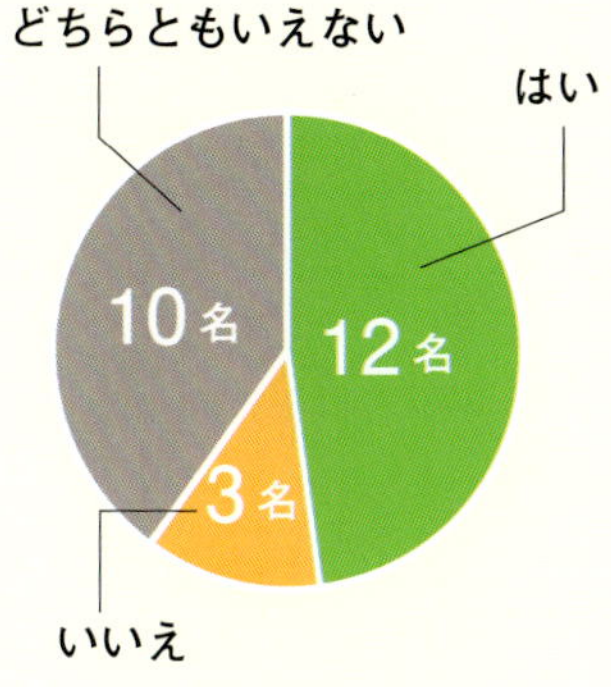

代謝

冷え性が治り、発汗するように。肌にハリ、髪にツヤが戻った！

●埼玉県　**牧野美千子**さん（51歳・自営業）

冷え性です。夏でも手先や足が冷たいので、冷房が苦手でした。そのせいか健康診断では血圧が高めなので注意するように言われ、毎日血圧を自分で測定しています。

ＣＤの説明では、前半が交感神経を起こし、後半が副交感神経を優勢にして血圧降下によいと言われましたが、とにかく聴いてみると、最初のトルコ行進曲が知っている曲でしたので引き込まれ、なんだかとても楽しい気分になってしまい、そのままどんどん聴いてしまいました。「夜の女王のアリア」も、アッという間に終わってしまいますが、足を跳ね上げてしまいたくなるほどに楽しくて、モーツァルトの虜になりそうです。

半分くらい聴いたところで、とてもほんわかするピアノ曲を聴いたとき、頭の中がスッキリとクリアになっていま

築地市場の老舗佃煮店「諏訪」の女将である牧野さん。冷えや肌荒れに悩まされていたのが、肌にも声にもハリが出てきたという。

した。ピアノの澄んだ響きの一音一音が、脳の中に染みわたるように感じ、なんともいえない快感を感じて、「ほんとうに良い曲だなぁ」と思いました。

モーツァルトを聴いてみると、とにかく楽しい気分になり、頭の中が音楽で満ちあふれると、元気が湧いてきて肌も健康になってきた気がします。化粧水を変えたわけではないのにこれまでより吸収力が上がり、髪もツヤ、コシが出てきた気がします。お客さんからも「なんだか元気で楽しそう。何かいいことあった？」と聞かれたほどです。

ポイント解説

聴覚への刺激で全身の神経が活性化して代謝が改善

モーツァルトのＣＤを聴くのは初めてのようですが、聴き始めたとたんに楽しさに魅了され、意識がクリアになって全身が温かく感じたのは、聴覚が刺激され、神経が活性化したからでしょう。その後も、音楽の楽しさに身をまかせたので、体中の緊張が解けてリラックス効果も起こったからでしょう。それで、冷え性が改善され、代謝が上がったわけです。代謝が上がれば、肌や髪にも影響が出るもの。アンチエイジング効果といえるでしょう。

血行

肩こり、腰の痛みが和らぎ、活動的になって運動意欲もUP!!

●山梨県　大野恵子さん（53歳・フリーライター）

ライターの仕事をしているので、座って原稿を書く時間が長いです。長時間、同じ姿勢のままで仕事をするせいか、最近は肩や腰が痛むようになり、年のせいかなと思っていました。腰が痛いので、余計に運動不足になるという悪循環も悩みのひとつになっています。

クラシック音楽の療法と聞きましたが、格調が高く重ったるく長い音楽という印象で興味が全くありませんでしたので、そんなもので何か効果があるとは思いませんでした。

今回、モニターをしたのは、原稿を書くのに行き詰まったときなどの、気分転換のつもりでした。なんとなく、最初の3曲だけ聴いてみました。最初のピアノの曲はよく知っていて、これはのっけから楽しめました。次の曲もお祭り騒ぎのような感じで「元気にイチ、ニ」と歩きたくなる感じ、その次はおどけた男性の声と笛の音の曲。楽しく聴け

パソコンにヘッドフォンを挿して音楽を聴きながら作業をすると、集中力が増すという大野さん。肩こり、腰の痛みを忘れてしまうことも多くなった。

る曲ばかりだったので、安心しました。

驚いたのは家でも職場でも腰痛を感じなくなったことでした。モーツァルトを聴き始めたことと関係があるのかどうか、正直、自分ではわかりませんが、確かに聴き出してから、体も気分も軽く明るくなり、運動意欲も高まっています。

朝の目覚めがすっきりし、長年、夜型だった生活も一新できたので、生活にもメリハリができてうれしい限りです。

代謝
血行
頭脳活性
消化力
快眠
聴力

ポイント解説

規則正しく一日４回、聴き流すだけでも効果あり

腰痛やひざの痛みは加齢や体重増の影響もありますが、運動不足、血行不良が原因ということもあります。この方は、一日４回きちんと取り組まれました。いわば音楽のクスリを処方どおり服用してもらったケースです。気分が軽く明るくなると体の動きもよくなります。これは、気持ちのわだかまりや閉塞感が消えたからで、それは全身の血行が促進したからと考えられます。腰やひざ、足や手先などの関節の血行もよくなりますので、軽い炎症なら自然に癒えるでしょう。

頭脳活性

気分が上がり好みのファッションに変化が！クロスワードも速くなった

●東京都　八木義人さん（54歳・会社員）

もともとクラシック音楽が好きで、とくにモーツァルトに関しては好きな曲が多数あったので、今回のモニターに参加しました。私のようにもともとクラシック音楽を好んで聴く生活をしている者にとっては、気持ちが楽になる、やる気が出るといった効果は経験済みです。ですが、今回のように、目的をもって聴いたことがなかったので、大変興味がありました。

頭脳への効果を高めるには、性能のよいヘッドフォンがよいというので、いい機会なので約3万円のものを購入。ヘッドフォンの性能があがったこともあってか、聴き慣れている曲も迫力が違って、それまで聴き取れてなかった高音域を感じることができました。その高音域を最初に感じた直後は目の前が真昼になったように明るく眩しいような

趣味のクロスワードのスピードが驚くほど速くなったという八木さん。ますますモーツァルトへの興味がわき、CDはもちろん、関連書籍なども購入するほどのハマりよう。

快感があり、頭の中がスッキリ、シャッキリして気分が壮快になりました。できるだけ高音域を広めて聴くようにしています。ノーマルとは聴こえ方が全然違い、聴き終えた後の頭のスッキリ感がとてもいいんですよ。以前より物忘れも減った気がします。そもそも、物忘れ防止のために訓練していたクロスワードも、かなり速くできるようになりました。頭が活性化して、気持ちが若返ったせいか、洋服の趣味も変わってきました。それまでは恥ずかしくて着れなかった派手なシャツも抵抗なく着こなすことができ、ますます若返っている気がしています。

代謝
血行
頭脳活性
消化力
快眠
聴力

ポイント解説

聴覚への高周波刺激が脳の若返りを促進

この方のようなもともと音楽への関心が高く、クラシックを聴き慣れている方にとっては、適度な音の刺激、とりわけ高周波を聴くことによる気づきが求められるでしょう。耳が受ける高周波刺激は、脳細胞にエネルギーを与える働きがあり、モーツァルトの音楽を高性能のヘッドフォンで聴くと、その効果が充分に起こり得ます。今後は毎日、一日１回、モーツァルトを聴く習慣をつけると、老化防止から若返りまで期待できるでしょう。

消化力

モーツァルトを聴きながら朝食をとると食欲増進！　便秘も改善

●東京都　竹林多恵子さん（79歳・主婦）

一番の悩みは、便秘です。野菜（食物繊維）をあまり摂らないことが原因だとわかっていたので、努力して朝食にヨーグルトや野菜ジュースを摂るようにしていますが、食欲があまりなく、とくに朝はあまり食が進みませんでした。

食欲が出なかった原因は、主人が亡くなってからというもの、毎食ともひとりでの食事だったので、味気なかったということもあると思います。食事を作ってもおいしいと言ってくれる人がいないと作り甲斐もないですし。作り過ぎて残してしまい、ますます食べる気がしなくなるという悪循環。家事自体を億劫に感じてしまっていました。そんな憂鬱な気分を軽減できればいいなと思い、モニターに参加しました。

音楽は嫌いではありませんし、モーツァルトは映画も見

ジュースとヨーグルトのみだった朝食を、しっかり食べるようになりました。また、夕食後などのリラックスタイムでは、リビングでくつろぎながら聴いています。

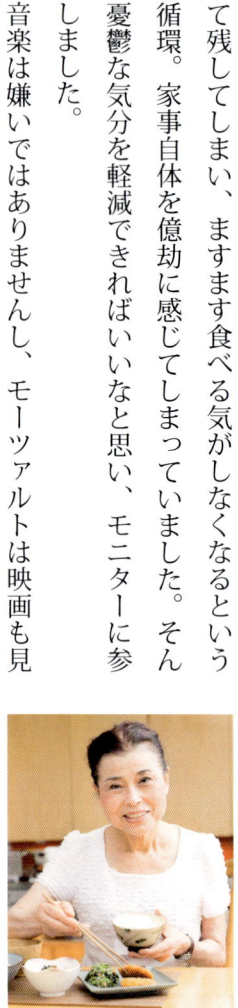

たことがありよく知っていますが、ヘッドフォンでしっかりと聴いたのは初めて。びっくりです。こんなに楽しい気分になるなんて、意外でした。食べず嫌いというのがありますが、まさにそれ。気分上々、体中の細胞に元気がみなぎる感じ。こんな楽しいものだったら、もっと若いころから聴いておけばよかったと思うほど。

聴き出して1週間ほどしたら、朝の食事時に食欲が湧くようになりました。おなかがグクッと鳴って、食べたものが朝からおいしく、食べ過ぎに注意が必要なほど。数日すると、朝に快便。その翌日も便通がありました。モーツァルトを聴いて食欲が向上したことは間違いないですし、その相乗効果で消化力が増して、便秘も改善しているようです。

ポイント解説

自然治癒力のスイッチを入れる

消化力を上げるには食生活との問題が大きく、栄養療法が必須です。モーツァルトの音楽を聴くと、聴覚刺激で全神経が活性化します。これはモーツァルトが神経をマッサージする働きをするわけで、ストレス緊張で血行が滞った部分をもみほぐし、全身の機能がドミノ倒しのように活性化していきます。消化力が衰えていたこの方は、その改善をすぐに体感できたわけです。モーツァルトの音楽は、自然治癒力のスイッチを入れるきっかけともなります。

快眠

深い眠りにつけるようになり、朝の目覚めもスッキリ、さわやかに

●大阪府　平野秀子さん　（71歳・主婦）

　比較的、代謝はよいほうで、汗もかくほうだと思います。食欲もあり、まだスリムな体型には自信もありますが、唯一の悩みは寝付きの悪さでした。毎日というわけではありませんが、夜中になんども目が覚めたりして、朝スッキリ起きられないのです。目覚めが悪いと、その日一日憂鬱で、夕方くらいに眠気が襲ってきて、仮眠をするとさらに翌晩も寝付きが悪くなるという悪循環。

　モーツァルトの音楽に快眠効果があると説明されましたので、最初は夜寝る前に9曲目から聴き始めました。

　最初の晩はついつい聴き入ってしまい、眠ることを忘れました。ですが、そのことがストレスとなるほどのことはなく、聴いているときは楽しい感じがしました。翌日からは最初から通しで聴くようにしていきました。すると、30分くらいたったころでしょうか、6曲目のピアノソナタ18

最大血圧160mmHg、最小血圧120mmHgあったのが、しっかり睡眠を取れるようになってから、2週間で徐々に下がり始めました。

番第2楽章のあたりでウトウトと寝てしまいました。気づいたのは翌朝。「これは快眠できるかも」とうれしくなり、快眠用と説明された最後の10曲から12曲を最初に聴き、そこからリピートするようにして、スリープ機能で60分後に自然に電源が切れるようにセットしました。10曲目、11曲目、そして最後のクラリネットの曲を少し聴いたところまで記憶がありますが、ラストの12曲の記憶がないということも。そんな日の翌朝は目覚めもスッキリ、とてもさわやかでした。

それから、毎日聴いていますが、睡眠が深く、朝の目覚めがよくなったせいか、最近は血圧も下がってきました。

ポイント解説

副交感神経を優位にしてしっかりと「休息モード」に

モーツァルトに限らず多くのクラシック音楽にはストレスを忘れさせ、副交感神経を優位にし、睡眠を促す効果があります。聴きながら寝るときは、音はなるべく小さく！　高音域の刺激は脳を元気に起こしてしまうので、レベルは絞ったほうがよいでしょう。また、ピアノ曲は打鍵のときのパルス音に多量の高周波が含まれているため睡眠にはあまり向きません。弦楽器も高周波が多いため高音域は絞りましょう。

聴力

「電話の声が聞き取りづらい」が解消されたよう。やる気も回復

●群馬県　寺橋正男さん（52歳・会社員）

スマートフォンの受信音量を最大にしていても聞き取りづらさを感じることがしばしばありましたが、最近では、町中を歩行中でも聞き直すことはほとんどなくなりました。

モーツァルトといえば、昔「アマデウス」という映画を見て、「アイネ・クライネ・ナハト・ムジーク」という有名な曲が入ったCDを買って聴いていたことがあります。そのときはただ気分が爽快になる美しい音楽を楽しむためで、健康に効果があるとは考えてはいませんでした。しかしここ数年、耳が遠くなり、取引先の方からも「聞こえてますか？」と言われてしまうこともしばしば。聞こえづらくても、聞き返すことが失礼だと思い、なんとなく聞こえたふりをすると、それが聞き間違いで大失敗ということもありました。

「聴力を回復させたい」という思いから、今回の視聴モニターに参加しましたが、その理由は、モーツァルトは神様の耳を持って生まれた音楽家として成功した人なのだから、耳がよくない人のためになればという思いがあったかもしれない、と考えたからです。

最初は、自分の耳の変化、聴覚の回復はまったく感じられませんでした。ですが、あ

代謝
血行
頭脳活性
消化力
快眠
聴力

る日、テレビのボリューム音を3目盛も下げている自分に気が付きました。

それからもう一つ、私の家の横に自然豊かな公園があるのですが、明け方、野鳥の鳴き声があちこちにこだまして、すがすがしく聞こえました。遠くに吹く微風やせせらぎの音までさわやかに聞こえて新鮮でした。聴力が上がったことを実感できました。

家族からは、最近「おとうさん、急にしゃべる声、はっきりしてきたね。何かしてる?」と言われ、滑舌がよくなったことに気づきました。耳だけじゃなく、しゃべる言葉の声にハリが出てきて、滑舌まで同時に改善したようです。聞き取りづらいというストレスも軽減され、さらに自分の声の若返りも実感でき、ほんとうにうれしいです。

ポイント解説

聴覚刺激で生活改善、コミュニケーション力UP!

モーツァルト聴覚セラピーは耳のこりをほぐして、耳の状態をリセットします。当然、いちばん効果が期待できるのが聴覚の改善です。聴力が戻り、人の声がよく聞こえるようになるということはコミュニケーション力の上昇に直結します。話す内容が聞き取れない、何度も聞き返したりしなければならないということは、それ自体がストレスになります。聴力を回復させることは自律神経の乱れを調整することにもつながります。また同時に滑舌も改善されます。

ほかにもこんなに「元気になった！」「若返った！」の声が！

モーツァルト聴覚セラピーを体験した方から
続々とご意見が届きました。
耳鳴り解消、めまい改善、胃腸回復といった効果が見られた方もいます。

耳鳴りとめまいが改善して歩行も安心

秋田県　篠田えり子さん　（56歳・主婦）

最近ときどき耳鳴りがして、立ちくらみやめまいもするようになりました。ＣＤを聴く習慣はありませんでしたが、イヤフォン（良いものを買ってくださいと言われたので7千円も奮発しました）で聴いてみたところ、すぐに頭の中が花火のように明るく輝くような印象があり、いつのまにか意識が鮮明に。耳鳴りはずっと小さくなり、めまいを気にせずしっかり歩けるようになりました。

人生が好転して前向きに
足腰も元気に

石川県　広瀬奈美子さん（72歳・主婦）

息子と娘がそれぞれ結婚して近所にいますが、私は昨年主人を失い今一人暮らしでとても寂しい日を送っていました。主人はわがままな人でやっかい者と思っていましたが、いなくなると生活の張りがなく、主人と喧嘩していたことを懐かしく思うほど。外出もしなくなり、すっかり足腰が弱りました。生前、主人がモーツァルトを愛聴していたので、この機会にぜひ、モーツァルトのよさを知ろうと、今回のモニタリングをさせていただきました。主人が当時愛用していたオーディオで聴いてみたところ、悲しくなるかと思いきや、若かりしころの楽しかった思い出が沸き起こり、1週間もすると外へ出かけたくなりました。今では主人がコレクションしていたモーツァルト全集を聴き込むほど気に入っています。

浅い眠り、寝起きの悪さが改善

広島県　荒木美代子さん（55歳・事務職）

仕事が忙しく、その日中に片付けなきゃならない仕事が終わらないときなど、不安と苛立ち、翌日の作業への不満などから、寝なきゃいけないのに眠れないことがしばしばありました。そうなると当然、翌朝も眠く、仕事効率も悪い。そこで、寝る前にこちらのサンプルＣＤをかけて寝ることにしました。すると「明日のことは明日考えよう！」と気持ちが楽になり、3曲めくらいですーっと眠気が起きました。翌朝も目覚まし時計の音でスクッと起きることができました。

不安と胃痛と下痢が和らぎ、勇気もりもり

北海道　榎本幸三さん（58歳・会社員）

もともと胃腸が弱く、下痢をしやすい体質に悩まされていました。とくに夏場は営業先を回ると、アイスコーヒーや麦茶など冷たいものを次々に出されるため、その都度トイレへ……、なんてこともしばしば。営業先でトイレを借りるという行為が恥ずかしいので、外回りが嫌になるほどでした。それが移動中の営業車の中でモーツァルトを聴くようにしたところ、なんとなく勇気というか、開きなおりというか、気分が上がって、胃痛も下痢も減りました。

首と肩のこりが和らいで
創造力ワクワク

愛知県　大場明音さん（64 歳・主婦）

絵を描くのが趣味で、庭の木や花はもちろん山や野原へ出かけてスケッチをしていましたが、最近、首筋や肩がこってキャンバスに向かっていても絵に集中できなくなりました。そこでポータブルプレーヤーを持ち出してモーツァルトのサンプルＣＤを聴きながら向かってみると、首も肩もこることなく、新しい発想がもりもり湧いてどんどん描けるようになりました。モーツァルト効果でしょうね。背筋が伸びて足腰も軽快、集中できるし創造力もワクワクで、もう手離せなくなりました。

モーツァルト聴覚セラピーをより効果的にするために

Q1 ほんとうに聴くだけで効果がありますか？

A アメリカ、オーストラリア、ニュージーランドでは、公園や繁華街で一日中モーツァルトを流したところ、犯罪などが劇的に減少した事実から、何気なく流しておくだけで、精神安定の上でたいへんな効果があるといわれています。ＣＤは12曲を朝、昼（仕事)、晩（宴)、就寝用に3曲ずつ配曲してあります。主に前半の6曲は交感神経を刺激し、後半の6曲は副交感神経を呼び覚ます曲想です。軽く流していても無意識にしっかり作用して、気分が軽くなったり、わだかまりが消えたりするでしょう。何か目的意識をもって聴くなら効果はもっと高まります。目的によって曲を選択してください。

Q2 CDには12曲ありますが、毎日すべて聴く必要がありますか？

A 目的によりますが、集中して聴くならば15～20分程度が目安です。ＣＤでは3曲分ほどに当たります。一番効率のよい、また現実の生活に即した聴き方として意図した効果を得られやすいでしょう。もし自分が気に入った曲があれば、その曲を中心に3～4曲をチョイスして、自分なりのトラック構成を楽しんで頂いても構いません。

Q3 65歳を超えました。だんだん聞き取りがつらくなってきましたが改善しますか？

A 耳鼻咽喉科では補聴器をすすめられるでしょうが、トマティス博士の聴覚トレーニングでは、老化して高音域の感度が下がった場合でも改善したケースがたくさんありました。正式には耳鼻咽喉科で検査をしないとわかりませんが、蝸牛の音を聞き取る機能が残っている範囲で、聴力は回復する可能性があります。ヘッドフォンで高音域を強調して毎日数十分ほど聴いてみてください。ふつう50代の耳は1万2000ヘルツの音程度まで、65歳では8000ヘルツ程度が聞こえれば正常です。ただし蝸牛の機能が破壊されている場合は、補聴器でも回復できないでしょう。

Q4 演歌を歌うことが大好きです。ボケ防止になると聞いたことがあるのですが？

A 自分が楽しめる音楽であるならば、演歌でもなんらかの活性化効果が期待できます。演歌をカラオケで歌うことで免疫を高めて若返りやボケを防止する演歌療法を指導されている医師も実際にいらっしゃいます。モーツァルトでなければダメということではなく、モーツァルトは音楽療法においてもっとも普遍的に利用できる万能の音楽だとお考えください。しかも、演歌などのような重さや粘りがないなど、感情を整える効果に優れたところがたくさんあるわけです。モーツァルトはあらゆる音楽の中でも格別だと私は考えています。

Q5 老化防止と若返りのために脳を活性化するにはどういう方法がよいですか？

A できるだけ高音質の再生装置と密閉型のヘッドフォンを用意して、ＣＤ前半の6曲を使ってください。そのまま聴くだけで効果はありますが、さらに効果を望むなら、耳に不快にならない範囲で刺激を与える工夫をしてみましょう。ヘッドフォンで左耳だけで聴き、つぎに右耳だけで聴き、最後に両耳で聴く、アンプで低音域を小さく絞り、高音域を強調してみる、ボリュームを絞って微かな響きでどれくらい聞こえるか試す、などが考えられます。聴く方法がマンネリ化しないよう、常に考えながら工夫することを楽しみに加えてください。

Q6 持病があり、毎日気にしています。聴くと改善しますか？

A モーツァルトを聴くだけで病気が治るとは言えません。病気がある場合は医師の判断を優先してください。しかし、モーツァルト聴覚セラピーでは医師ができない部分の心のケアを可能にする場合があります。たとえば、私の専門はリウマチなのですが、病気を治すコツのひとつは病気のことを忘れたり、病気を気にしないことです。毎日持病を気にしているのは、病気が治らない典型です。自分の好きな曲を見つけてください。それで持病を治すスイッチが入ります。もし、モーツァルトが好きになれなかったら、演歌でもフォークでもなんでも結構です。何か好きなものを見つけたら、夢中になってみることが大切。夢中になっている間だけでも病気のことや痛みを忘れることができますし、その時間を楽しむことで治癒力が高まるのです。

Q7 不安で安眠できません。このCDで快眠できるようになるでしょうか？

A　ＣＤの10曲目から12曲目までの3曲は安眠・快眠のための音楽です。眠る前にこの3曲を順に聴いてください。ストレスをしずめ副交感神経を呼び覚ましてくれるはずです。ところで、不安だとすると、その不安の原因はなんでしょうか？　それが生活のどこかにあるのならば、生活時間帯における不安の元を解消することが必要です。その改善方法のヒントも本書にはありますから、ぜひ解決に取り組んでください。そうすれば自然に寝つきもよくなることでしょう。

Q8 同じ楽曲でもいろいろな演奏があります。演奏者によって違いはありますか？

A　はい。じつは演奏の違いを聴き分けるというのは、脳の活性化や免疫強化、老化防止に格好の聴き方です。たとえば、ＣＤの１曲目の「トルコ行進曲」。もし別の演奏者のＣＤをお持ちでしたら聴き比べてください。唖然とするほどの違いを発見するでしょう。ちなみにこのＣＤの演奏はハンガリーのイエネ・ヤンドーというピアニストで、リズムを弾ませる部分でギラリと輝く音色を出します。これは、短い接近した音符を一音一音切り離さずに、一部分を重ねているからです。こうするとパルス的な不協和音が発生して、豪勢な音色を作ることができるわけです。

Q9 代謝、消化、免疫、若返りなどの効果の違いが今ひとつよくわかりません。

A 鋭いご指摘です。じつはそれぞれ分離したことではありません。本書でもみなさんに把握しやすいように便宜的に分けているだけで、すべてが血液の状態と血液循環に関係していて、血液と血行が改善すると、さまざまなよい影響が鈴なりに起こります。消化や代謝が促進されると免疫バランスが正常化し、元気になって肌は透き通り、腸の動きもよくなって体も若返るため、心の持ちようや生き方までが良好になります。これが自然治癒力の働きですが、そのスイッチが必ずどこかにあります。しかし、人によってそのスイッチの在り処が異なるため、そこはやっかいな問題かもしれません。モーツァルトの音楽を聴いていると、どこかで自然治癒力のスイッチが入ることが期待できます。

Q10 聴覚セラピーの聴覚・聴力検査は耳鼻咽喉科の耳の検査と同じですか？

A 耳鼻咽喉科で行う気導聴力と骨導聴力の検査の目的は補聴器が必要かどうかを調べるところにあります。聴覚セラピーでの聴覚・聴力検査は、耳鼻咽喉科のそれと同じ検査もしますが、さらに利き耳、耳のストレス、優先言語などを調べます。その検査結果から聴覚マップを作成し、そこから心身の状態やストレス・トラウマ、コミュニケーションの傾向などを読みとります。補聴器のための検査とは異なり、あくまで問題を現実において解決するための検査である点がまったく異なっていると言えるでしょう。

Q11 右の耳の聞こえが悪いのですが、左耳だけで聴いてもいいでしょうか？

A 右の耳の聞こえの機能が破壊されていなければ治る可能性があります。耳は両耳で聞き取る音声の受け持ちに違いがあり、ふつうは左耳は環境の音声を把握し、右耳は言葉の聞き取りを受け持っています。右脳、左脳とも関係しています。言語を担当する右耳は論理脳である左脳に直結しているため、右耳の機能が衰えると、左耳で言語を受け持たざるをえず、左耳で受けた言語情報は右脳を経由して左脳に伝達されるという不合理な作用となり、現実生活やビジネスに支障をきたします。聞こえにくいからといって左耳だけで聴くのではなく、CDの音も電話の音色もできるだけ右耳で聴く訓練をふだんからやっておくことをおすすめします。

Q12 聴くときはひとりで集中して聴いたほうがいいですか？

A ヘッドフォンをつけ目を閉じて集中して聴くことでのみ、感じることができる音や音域もあるでしょう。ですが、音楽は楽しむものです。家族や友人と一緒にいるときに、ひとりだけヘッドフォンをして聴くのはどうでしょう？　会話や交流を遮断しているように見えてしまうかもしれません。周りの人もいっしょに楽しめる環境なら、オーディオなどでCDをかけ、ぜひみんなで聴いてみてください。ひとりで聴くときには得られなかった効果が得られるかもしれません。

Q13 モーツァルト以外でおすすめの曲がありますか？

A ヴィヴァルディの「四季」という名曲もおすすめです。ヴァイオリンを中心にした弦楽合奏曲ですが、わかりやすくて美しく、そして劇性も豊かで楽しめます。脳の活性化や代謝、免疫バランスなどの効果を期待できます。もう一曲、ショパンのワルツ集もおすすめします。「小犬のワルツ」など聴き覚えがある名曲揃いで、おしゃれで粋な軽やかさがモーツァルトに繋がる感じがします。ストレス発散や気分一新に最適です。

Q14 オペラはどんなところがおすすめでしょう？ 交響曲はどうですか？

A モーツァルトのオペラには、若者に人気の掛け合い漫才のようなテンポ感やお笑いの要素があり、これがモーツァルト独特のリズムでくるまれています。語弊がありますが、人間の悲喜劇の遊園地のような楽しさとハチャメチャさがあるものです。曲想のノリがすごいので、生命のエネルギー感がいっぱい。聴いているだけで元気が出る音楽として、とくにおすすめします。『フィガロの結婚』『ドン・ジョバンニ』『魔笛』が有名です。交響曲は、音楽芸術として襟を正して聴く音楽です。立派な構築性があるので、少し敷居が高いかもしれません。

Q15 どうしてクラシック音楽がセラピー音楽として使われるのでしょうか？

A ロックのようなリズムの曲を聴くと足腰が反応して踊り出すでしょう。演歌を聴くと胸のあたりを中心に上体を動かしたり、首で小節《こぶし》をきかせたりする動作になるでしょう。クラシックも同じ要素を含んでいますが、頭を使うことが中心になります。つまり、ロックは足腰、演歌は胸や首、クラシックは頭脳が優先的に反応するのです。ですから、記憶力をつけ、老化を防止し、若返りを願うなら、クラシック音楽が一番有効なのです。とりわけモーツァルトは、その代表です。

篠原佳年

しのはらよしとし

聴覚カウンセラー協会代表・
医学博士

医療法人わいわいクリニック理事長、医学博士、聴覚カウンセラー協会代表。1950年、大分県生まれ。岡山大学医学部大学院卒業後、岡山大学医学部第三内科を経て、1991年医療法人しのはら医院を開設。2002年に医療法人わいわいクリニックと改称。現在、理事長として膠原病（主に関節リウマチ）及びアトピー性皮膚炎を中心に治療を行っている。そのかたわら、聴覚の重要性に着目した独自の研究を進め、講演やセミナー、執筆活動にも積極的に取り組む。主な著書に『治癒力創造』（主婦の友社）、『こころとからだのモーツァルトセラピー』（知玄舎）、『愛のモーツァルト療法』『絶対モーツァルト法』（ともにマガジンハウス）などがある。

STAFF

カバー・本文デザイン　清水洋子
撮影　菊竹規
イラスト　布留川由香　大坪ゆり
取材・文　小堀英一
CD 編集　傳田文夫
校正　阿部一恵（阿部編集事務所）
協力　ナクソス・ジャパン、pixta.jp、AFLO

モーツァルトを聴《き》くだけで
自《じ》律《りつ》神《しん》経《けい》を整《ととの》えるCDブック

著　者／篠原佳年《しのはらよしとし》
発行者／荻野善之
発行所／株式会社主婦の友社
〒101-8911　東京都千代田区神田駿河台2-9
電話　03-5280-7537（編集）
03-5280-7551（販売）
印刷所　大日本印刷株式会社

ISBN978-4-07-403560-1

■乱丁本、落丁本はおとりかえします。
お買い求めの書店か主婦の友社資材刊行課（電話03-5280-7590）までご連絡ください。
■内容に関するお問い合わせは、主婦の友社（電話03-5280-7537）まで。
■主婦の友社発行の書籍・ムックのご注文は、
お近くの書店か主婦の友社コールセンター（電話0120-916-892）まで。
※お問い合わせ受付時間　月～金（祝日を除く）9:30 ～ 17:30

主婦の友社ホームページ　http://www.shufunotomo.co.jp/

※本書は『モーツァルトを聴くだけでみるみる元気になる！ 若返る！』に加筆、修正のうえ再編集したものです。
そ－123101